Website User/ Password

Website:_____
Username:_____
Password:_____
Other
Info:_____

Website:_____
Username:_____
Password:_____
Other
Info:_____

Website:_____
Username:_____
Password:_____
Other
Info:_____

Website:_____
Username:_____
Password:_____
Other
Info:_____

Website:_____
Username:_____
Password:_____
Other
Info:_____

Website:_____
Username:_____
Password:_____
Other
Info:_____

Website:_____
Username:_____
Password:_____
Other
Info:_____

Website:_____
Username:_____
Password:_____
Other
Info:_____

Website:_____
Username:_____
Password:_____
Other
Info:_____

Website:_____
Username:_____
Password:_____
Other Info:_____

Website:_____
Username:_____
Password:_____
Other Info:_____

Website:_____
Username:_____
Password:_____
Other Info:_____

Website:_____
Username:_____
Password:_____
Other
Info:_____

Website:_____
Username:_____
Password:_____
Other
Info:_____

Website:_____
Username:_____
Password:_____
Other
Info:_____

Website:_____
Username:_____
Password:_____
Other Info:_____

Website:_____
Username:_____
Password:_____
Other Info:_____

Website:_____
Username:_____
Password:_____
Other Info:_____

Website:_____
Username:_____
Password:_____
Other Info:_____

Website:_____
Username:_____
Password:_____
Other Info:_____

Website:_____
Username:_____
Password:_____
Other Info:_____

Website:_____
Username:_____
Password:_____
Other
Info:_____

Website:_____
Username:_____
Password:_____
Other
Info:_____

Website:_____
Username:_____
Password:_____
Other
Info:_____

Website:_____
Username:_____
Password:_____
Other Info:_____

Website:_____
Username:_____
Password:_____
Other Info:_____

Website:_____
Username:_____
Password:_____
Other Info:_____

Website:_____
Username:_____
Password:_____
Other
Info:_____

Website:_____
Username:_____
Password:_____
Other
Info:_____

Website:_____
Username:_____
Password:_____
Other
Info:_____

Website:_____
Username:_____
Password:_____
Other Info:_____

Website:_____
Username:_____
Password:_____
Other Info:_____

Website:_____
Username:_____
Password:_____
Other Info:_____

Website:_____
Username:_____
Password:_____
Other
Info:_____

Website:_____
Username:_____
Password:_____
Other
Info:_____

Website:_____
Username:_____
Password:_____
Other
Info:_____

Website:_____
Username:_____
Password:_____
Other
Info:_____

Website:_____
Username:_____
Password:_____
Other
Info:_____

Website:_____
Username:_____
Password:_____
Other
Info:_____

Website:_____
Username:_____
Password:_____
Other
Info:_____

Website:_____
Username:_____
Password:_____
Other
Info:_____

Website:_____
Username:_____
Password:_____
Other
Info:_____

Website:_____
Username:_____
Password:_____
Other
Info:_____

Website:_____
Username:_____
Password:_____
Other
Info:_____

Website:_____
Username:_____
Password:_____
Other
Info:_____

Website:_____
Username:_____
Password:_____
Other
Info:_____

Website:_____
Username:_____
Password:_____
Other
Info:_____

Website:_____
Username:_____
Password:_____
Other
Info:_____

Website:_____
Username:_____
Password:_____
Other Info:_____

Website:_____
Username:_____
Password:_____
Other Info:_____

Website:_____
Username:_____
Password:_____
Other Info:_____

Website:_____
Username:_____
Password:_____
Other
Info:_____

Website:_____
Username:_____
Password:_____
Other
Info:_____

Website:_____
Username:_____
Password:_____
Other
Info:_____

Website:_____
Username:_____
Password:_____
Other
Info:_____

Website:_____
Username:_____
Password:_____
Other
Info:_____

Website:_____
Username:_____
Password:_____
Other
Info:_____

Website:_____
Username:_____
Password:_____
Other
Info:_____

Website:_____
Username:_____
Password:_____
Other
Info:_____

Website:_____
Username:_____
Password:_____
Other
Info:_____

Website:_____
Username:_____
Password:_____
Other
Info:_____

Website:_____
Username:_____
Password:_____
Other
Info:_____

Website:_____
Username:_____
Password:_____
Other
Info:_____

Website:_____
Username:_____
Password:_____
Other
Info:_____

Website:_____
Username:_____
Password:_____
Other
Info:_____

Website:_____
Username:_____
Password:_____
Other
Info:_____

Website:_____
Username:_____
Password:_____
Other
Info:_____

Website:_____
Username:_____
Password:_____
Other
Info:_____

Website:_____
Username:_____
Password:_____
Other
Info:_____

Website:_____
Username:_____
Password:_____
Other
Info:_____

Website:_____
Username:_____
Password:_____
Other
Info:_____

Website:_____
Username:_____
Password:_____
Other
Info:_____

Website:_____
Username:_____
Password:_____
Other
Info:_____

Website:_____
Username:_____
Password:_____
Other
Info:_____

Website:_____
Username:_____
Password:_____
Other
Info:_____

Website:_____
Username:_____
Password:_____
Other
Info:_____

Website:_____
Username:_____
Password:_____
Other
Info:_____

Website:_____
Username:_____
Password:_____
Other
Info:_____

Website:_____
Username:_____
Password:_____
Other
Info:_____

Website:_____
Username:_____
Password:_____
Other
Info:_____

Website:_____
Username:_____
Password:_____
Other
Info:_____

Website:_____
Username:_____
Password:_____
Other
Info:_____

Website:_____
Username:_____
Password:_____
Other
Info:_____

Website:_____
Username:_____
Password:_____
Other
Info:_____

Website:_____
Username:_____
Password:_____
Other
Info:_____

Website:_____
Username:_____
Password:_____
Other
Info:_____

Website:_____
Username:_____
Password:_____
Other
Info:_____

Website:_____
Username:_____
Password:_____
Other
Info:_____

Website:_____
Username:_____
Password:_____
Other
Info:_____

Website:_____
Username:_____
Password:_____
Other
Info:_____

Website:_____
Username:_____
Password:_____
Other
Info:_____

Website:_____
Username:_____
Password:_____
Other
Info:_____

Website:_____
Username:_____
Password:_____
Other
Info:_____

Website:_____
Username:_____
Password:_____
Other
Info:_____

Website:_____
Username:_____
Password:_____
Other
Info:_____

Website:_____
Username:_____
Password:_____
Other
Info:_____

Website:_____
Username:_____
Password:_____
Other
Info:_____

Website:_____
Username:_____
Password:_____
Other
Info:_____

Website:_____
Username:_____
Password:_____
Other
Info:_____

Website:_____
Username:_____
Password:_____
Other
Info:_____

Website:_____
Username:_____
Password:_____
Other
Info:_____

Website:_____
Username:_____
Password:_____
Other
Info:_____

Website:_____
Username:_____
Password:_____
Other Info:_____

Website:_____
Username:_____
Password:_____
Other Info:_____

Website:_____
Username:_____
Password:_____
Other Info:_____

Website:_____
Username:_____
Password:_____
Other
Info:_____

Website:_____
Username:_____
Password:_____
Other
Info:_____

Website:_____
Username:_____
Password:_____
Other
Info:_____

Website:_____
Username:_____
Password:_____
Other
Info:_____

Website:_____
Username:_____
Password:_____
Other
Info:_____

Website:_____
Username:_____
Password:_____
Other
Info:_____

Website:_____
Username:_____
Password:_____
Other
Info:_____

Website:_____
Username:_____
Password:_____
Other
Info:_____

Website:_____
Username:_____
Password:_____
Other
Info:_____

Website:_____
Username:_____
Password:_____
Other
Info:_____

Website:_____
Username:_____
Password:_____
Other
Info:_____

Website:_____
Username:_____
Password:_____
Other
Info:_____

Website:_____
Username:_____
Password:_____
Other
Info:_____

Website:_____
Username:_____
Password:_____
Other
Info:_____

Website:_____
Username:_____
Password:_____
Other
Info:_____

Website:_____
Username:_____
Password:_____
Other
Info:_____

Website:_____
Username:_____
Password:_____
Other
Info:_____

Website:_____
Username:_____
Password:_____
Other
Info:_____

Website:_____
Username:_____
Password:_____
Other
Info:_____

Website:_____
Username:_____
Password:_____
Other
Info:_____

Website:_____
Username:_____
Password:_____
Other
Info:_____

Website:_____
Username:_____
Password:_____
Other
Info:_____

Website:_____
Username:_____
Password:_____
Other
Info:_____

Website:_____
Username:_____
Password:_____
Other
Info:_____

Website:_____
Username:_____
Password:_____
Other
Info:_____

Website:_____
Username:_____
Password:_____
Other
Info:_____

Website:_____
Username:_____
Password:_____
Other
Info:_____

Website:_____
Username:_____
Password:_____
Other
Info:_____

Website:_____
Username:_____
Password:_____
Other
Info:_____

Website:_____
Username:_____
Password:_____
Other
Info:_____

Website:_____
Username:_____
Password:_____
Other
Info:_____

Website:_____
Username:_____
Password:_____
Other
Info:_____

Website:_____
Username:_____
Password:_____
Other
Info:_____

Website:_____
Username:_____
Password:_____
Other Info:_____

Website:_____
Username:_____
Password:_____
Other Info:_____

Website:_____
Username:_____
Password:_____
Other Info:_____

Website:_____
Username:_____
Password:_____
Other
Info:_____

Website:_____
Username:_____
Password:_____
Other
Info:_____

Website:_____
Username:_____
Password:_____
Other
Info:_____

Website:_____
Username:_____
Password:_____
Other
Info:_____

Website:_____
Username:_____
Password:_____
Other
Info:_____

Website:_____
Username:_____
Password:_____
Other
Info:_____

Website:_____
Username:_____
Password:_____
Other
Info:_____

Website:_____
Username:_____
Password:_____
Other
Info:_____

Website:_____
Username:_____
Password:_____
Other
Info:_____

Website:_____
Username:_____
Password:_____
Other
Info:_____

Website:_____
Username:_____
Password:_____
Other
Info:_____

Website:_____
Username:_____
Password:_____
Other
Info:_____

Website:_____
Username:_____
Password:_____
Other
Info:_____

Website:_____
Username:_____
Password:_____
Other
Info:_____

Website:_____
Username:_____
Password:_____
Other
Info:_____

Website:_____
Username:_____
Password:_____
Other
Info:_____

Website:_____
Username:_____
Password:_____
Other
Info:_____

Website:_____
Username:_____
Password:_____
Other
Info:_____

Website:_____
Username:_____
Password:_____
Other
Info:_____

Website:_____
Username:_____
Password:_____
Other
Info:_____

Website:_____
Username:_____
Password:_____
Other
Info:_____

Website:_____
Username:_____
Password:_____
Other
Info:_____

Website:_____
Username:_____
Password:_____
Other
Info:_____

Website:_____
Username:_____
Password:_____
Other
Info:_____

Website:_____
Username:_____
Password:_____
Other
Info:_____

Website:_____
Username:_____
Password:_____
Other
Info:_____

Website:_____
Username:_____
Password:_____
Other
Info:_____

Website:_____
Username:_____
Password:_____
Other
Info:_____

Website:_____
Username:_____
Password:_____
Other
Info:_____

Website:_____
Username:_____
Password:_____
Other
Info:_____

Website:_____
Username:_____
Password:_____
Other
Info:_____

Website:_____
Username:_____
Password:_____
Other
Info:_____

Website:_____
Username:_____
Password:_____
Other
Info:_____

Website:_____
Username:_____
Password:_____
Other
Info:_____

Website:_____
Username:_____
Password:_____
Other
Info:_____

Website:_____
Username:_____
Password:_____
Other
Info:_____

Website:_____
Username:_____
Password:_____
Other
Info:_____

Website:_____
Username:_____
Password:_____
Other
Info:_____

Website:_____
Username:_____
Password:_____
Other
Info:_____

Website:_____
Username:_____
Password:_____
Other
Info:_____

Website:_____
Username:_____
Password:_____
Other
Info:_____

Website:_____
Username:_____
Password:_____
Other
Info:_____

Website:_____
Username:_____
Password:_____
Other
Info:_____

Website:_____
Username:_____
Password:_____
Other
Info:_____

Website:_____
Username:_____
Password:_____
Other
Info:_____

Website:_____
Username:_____
Password:_____
Other
Info:_____

Website:_____
Username:_____
Password:_____
Other
Info:_____

Website:_____
Username:_____
Password:_____
Other
Info:_____

Website:_____
Username:_____
Password:_____
Other
Info:_____

Website:_____
Username:_____
Password:_____
Other
Info:_____

Website:_____
Username:_____
Password:_____
Other
Info:_____

Website:_____
Username:_____
Password:_____
Other Info:_____

Website:_____
Username:_____
Password:_____
Other Info:_____

Website:_____
Username:_____
Password:_____
Other Info:_____

Website:_____
Username:_____
Password:_____
Other
Info:_____

Website:_____
Username:_____
Password:_____
Other
Info:_____

Website:_____
Username:_____
Password:_____
Other
Info:_____

Website:_____
Username:_____
Password:_____
Other
Info:_____

Website:_____
Username:_____
Password:_____
Other
Info:_____

Website:_____
Username:_____
Password:_____
Other
Info:_____

Website:_____
Username:_____
Password:_____
Other
Info:_____

Website:_____
Username:_____
Password:_____
Other
Info:_____

Website:_____
Username:_____
Password:_____
Other
Info:_____

Website:_____
Username:_____
Password:_____
Other Info:_____

Website:_____
Username:_____
Password:_____
Other Info:_____

Website:_____
Username:_____
Password:_____
Other Info:_____

Website:_____
Username:_____
Password:_____
Other
Info:_____

Website:_____
Username:_____
Password:_____
Other
Info:_____

Website:_____
Username:_____
Password:_____
Other
Info:_____

Website:_____
Username:_____
Password:_____
Other Info:_____

Website:_____
Username:_____
Password:_____
Other Info:_____

Website:_____
Username:_____
Password:_____
Other Info:_____

Website:_____
Username:_____
Password:_____
Other
Info:_____

Website:_____
Username:_____
Password:_____
Other
Info:_____

Website:_____
Username:_____
Password:_____
Other
Info:_____

Website:_____
Username:_____
Password:_____
Other
Info:_____

Website:_____
Username:_____
Password:_____
Other
Info:_____

Website:_____
Username:_____
Password:_____
Other
Info:_____

Website:_____
Username:_____
Password:_____
Other
Info:_____

Website:_____
Username:_____
Password:_____
Other
Info:_____

Website:_____
Username:_____
Password:_____
Other
Info:_____

Website:_____
Username:_____
Password:_____
Other
Info:_____

Website:_____
Username:_____
Password:_____
Other
Info:_____

Website:_____
Username:_____
Password:_____
Other
Info:_____

Website:_____
Username:_____
Password:_____
Other
Info:_____

Website:_____
Username:_____
Password:_____
Other
Info:_____

Website:_____
Username:_____
Password:_____
Other
Info:_____

Website:_____
Username:_____
Password:_____
Other
Info:_____

Website:_____
Username:_____
Password:_____
Other
Info:_____

Website:_____
Username:_____
Password:_____
Other
Info:_____

Website:_____
Username:_____
Password:_____
Other
Info:_____

Website:_____
Username:_____
Password:_____
Other
Info:_____

Website:_____
Username:_____
Password:_____
Other
Info:_____

Website:_____
Username:_____
Password:_____
Other
Info:_____

Website:_____
Username:_____
Password:_____
Other
Info:_____

Website:_____
Username:_____
Password:_____
Other
Info:_____

Website:_____
Username:_____
Password:_____
Other
Info:_____

Website:_____
Username:_____
Password:_____
Other
Info:_____

Website:_____
Username:_____
Password:_____
Other
Info:_____

Website:_____
Username:_____
Password:_____
Other Info:_____

Website:_____
Username:_____
Password:_____
Other Info:_____

Website:_____
Username:_____
Password:_____
Other Info:_____

Website:_____
Username:_____
Password:_____
Other
Info:_____

Website:_____
Username:_____
Password:_____
Other
Info:_____

Website:_____
Username:_____
Password:_____
Other
Info:_____

Website:_____
Username:_____
Password:_____
Other Info:_____

Website:_____
Username:_____
Password:_____
Other Info:_____

Website:_____
Username:_____
Password:_____
Other Info:_____

Website:_____
Username:_____
Password:_____
Other
Info:_____

Website:_____
Username:_____
Password:_____
Other
Info:_____

Website:_____
Username:_____
Password:_____
Other
Info:_____

Website:_____
Username:_____
Password:_____
Other
Info:_____

Website:_____
Username:_____
Password:_____
Other
Info:_____

Website:_____
Username:_____
Password:_____
Other
Info:_____

Website:_____
Username:_____
Password:_____
Other
Info:_____

Website:_____
Username:_____
Password:_____
Other
Info:_____

Website:_____
Username:_____
Password:_____
Other
Info:_____

Website:_____
Username:_____
Password:_____
Other
Info:_____

Website:_____
Username:_____
Password:_____
Other
Info:_____

Website:_____
Username:_____
Password:_____
Other
Info:_____

Website:_____
Username:_____
Password:_____
Other
Info:_____

Website:_____
Username:_____
Password:_____
Other
Info:_____

Website:_____
Username:_____
Password:_____
Other
Info:_____

Website:_____
Username:_____
Password:_____
Other Info:_____

Website:_____
Username:_____
Password:_____
Other Info:_____

Website:_____
Username:_____
Password:_____
Other Info:_____

Website:_____
Username:_____
Password:_____
Other
Info:_____

Website:_____
Username:_____
Password:_____
Other
Info:_____

Website:_____
Username:_____
Password:_____
Other
Info:_____

Website:_____
Username:_____
Password:_____
Other
Info:_____

Website:_____
Username:_____
Password:_____
Other
Info:_____

Website:_____
Username:_____
Password:_____
Other
Info:_____

Website:_____
Username:_____
Password:_____
Other
Info:_____

Website:_____
Username:_____
Password:_____
Other
Info:_____

Website:_____
Username:_____
Password:_____
Other
Info:_____

Website:_____
Username:_____
Password:_____
Other
Info:_____

Website:_____
Username:_____
Password:_____
Other
Info:_____

Website:_____
Username:_____
Password:_____
Other
Info:_____

Website:_____
Username:_____
Password:_____
Other
Info:_____

Website:_____
Username:_____
Password:_____
Other
Info:_____

Website:_____
Username:_____
Password:_____
Other
Info:_____

Website:_____
Username:_____
Password:_____
Other Info:_____

Website:_____
Username:_____
Password:_____
Other Info:_____

Website:_____
Username:_____
Password:_____
Other Info:_____

Website:_____
Username:_____
Password:_____
Other
Info:_____

Website:_____
Username:_____
Password:_____
Other
Info:_____

Website:_____
Username:_____
Password:_____
Other
Info:_____

Website:_____
Username:_____
Password:_____
Other
Info:_____

Website:_____
Username:_____
Password:_____
Other
Info:_____

Website:_____
Username:_____
Password:_____
Other
Info:_____

Email register

Email:_____
Password:_____
Other
Info:_____

Email:_____
Password:_____
Other
Info:_____

Email:_____
Password:_____
Other
Info:_____

Email:_____
Password:_____
Other Info:_____

Email:_____
Password:_____
Other Info:_____

Email:_____
Password:_____
Other Info:_____

Email:_____
Password:_____
Other Info:_____

Email:_____
Password:_____
Other Info:_____

Email:_____
Password:_____
Other Info:_____

Email:_____
Password:_____
Other
Info:_____

Email:_____
Password:_____
Other
Info:_____

Email:_____
Password:_____
Other
Info:_____

Email:_____
Password:_____
Other
Info:_____

Email:_____
Password:_____
Other
Info:_____

Email:_____
Password:_____
Other
Info:_____

Email:_____
Password:_____
Other
Info:_____

Email:_____
Password:_____
Other
Info:_____

Email:_____
Password:_____
Other
Info:_____

Email:_____
Password:_____
Other
Info:_____

Email:_____
Password:_____
Other
Info:_____

Email:_____
Password:_____
Other
Info:_____

Email:_____
Password:_____
Other
Info:_____

Email:_____
Password:_____
Other
Info:_____

Email:_____
Password:_____
Other
Info:_____

Email:_____
Password:_____
Other Info:_____

Email:_____
Password:_____
Other Info:_____

Email:_____
Password:_____
Other Info:_____

Email:_____
Password:_____
Other
Info:_____

Email:_____
Password:_____
Other
Info:_____

Email:_____
Password:_____
Other
Info:_____

Email:_____
Password:_____
Other Info:_____

Email:_____
Password:_____
Other Info:_____

Email:_____
Password:_____
Other Info:_____

Email:_____
Password:_____
Other
Info:_____

Email:_____
Password:_____
Other
Info:_____

Email:_____
Password:_____
Other
Info:_____

Email:_____
Password:_____
Other
Info:_____

Email:_____
Password:_____
Other
Info:_____

Email:_____
Password:_____
Other
Info:_____

Email:_____
Password:_____
Other
Info:_____

Email:_____
Password:_____
Other
Info:_____

Email:_____
Password:_____
Other
Info:_____

Email:_____
Password:_____
Other Info:_____

Email:_____
Password:_____
Other Info:_____

Email:_____
Password:_____
Other Info:_____

Email:_____
Password:_____
Other Info:_____

Email:_____
Password:_____
Other Info:_____

Email:_____
Password:_____
Other Info:_____

Email:_____
Password:_____
Other
Info:_____

Email:_____
Password:_____
Other
Info:_____

Email:_____
Password:_____
Other
Info:_____

Email:_____
Password:_____
Other
Info:_____

Email:_____
Password:_____
Other
Info:_____

Email:_____
Password:_____
Other
Info:_____

Email:_____
Password:_____
Other
Info:_____

Email:_____
Password:_____
Other
Info:_____

Email:_____
Password:_____
Other
Info:_____

Email:_____
Password:_____
Other
Info:_____

Email:_____
Password:_____
Other
Info:_____

Email:_____
Password:_____
Other
Info:_____

Email:_____
Password:_____
Other
Info:_____

Email:_____
Password:_____
Other
Info:_____

Email:_____
Password:_____
Other
Info:_____

Email:_____
Password:_____
Other Info:_____

Email:_____
Password:_____
Other Info:_____

Email:_____
Password:_____
Other Info:_____

Email:_____
Password:_____
Other
Info:_____

Email:_____
Password:_____
Other
Info:_____

Email:_____
Password:_____
Other
Info:_____

Email:_____
Password:_____
Other Info:_____

Email:_____
Password:_____
Other Info:_____

Email:_____
Password:_____
Other Info:_____

Email:_____
Password:_____
Other Info:_____

Email:_____
Password:_____
Other Info:_____

Email:_____
Password:_____
Other Info:_____

Email:_____
Password:_____
Other
Info:_____

Email:_____
Password:_____
Other
Info:_____

Email:_____
Password:_____
Other
Info:_____

Email:_____
Password:_____
Other
Info:_____

Email:_____
Password:_____
Other
Info:_____

Email:_____
Password:_____
Other
Info:_____

Email:_____
Password:_____
Other Info:_____

Email:_____
Password:_____
Other Info:_____

Email:_____
Password:_____
Other Info:_____

Email:_____
Password:_____
Other Info:_____

Email:_____
Password:_____
Other Info:_____

Email:_____
Password:_____
Other Info:_____

Email:_____
Password:_____
Other Info:_____

Email:_____
Password:_____
Other Info:_____

Email:_____
Password:_____
Other Info:_____

Email:_____
Password:_____
Other Info:_____

Email:_____
Password:_____
Other Info:_____

Email:_____
Password:_____
Other Info:_____

Email:_____
Password:_____
Other Info:_____

Email:_____
Password:_____
Other Info:_____

Email:_____
Password:_____
Other Info:_____

Email:_____
Password:_____
Other
Info:_____

Email:_____
Password:_____
Other
Info:_____

Email:_____
Password:_____
Other
Info:_____

Email:_____
Password:_____
Other Info:_____

Email:_____
Password:_____
Other Info:_____

Email:_____
Password:_____
Other Info:_____

Email:_____
Password:_____
Other
Info:_____

Email:_____
Password:_____
Other
Info:_____

Email:_____
Password:_____
Other
Info:_____

Email:_____
Password:_____
Other Info:_____

Email:_____
Password:_____
Other Info:_____

Email:_____
Password:_____
Other Info:_____

Email:_____
Password:_____
Other
Info:_____

Email:_____
Password:_____
Other
Info:_____

Email:_____
Password:_____
Other
Info:_____

Email:_____
Password:_____
Other
Info:_____

Email:_____
Password:_____
Other
Info:_____

Email:_____
Password:_____
Other
Info:_____

Email:_____
Password:_____
Other
Info:_____

Email:_____
Password:_____
Other
Info:_____

Email:_____
Password:_____
Other
Info:_____

Email:_____
Password:_____
Other Info:_____

Email:_____
Password:_____
Other Info:_____

Email:_____
Password:_____
Other Info:_____

Email:_____
Password:_____
Other
Info:_____

Email:_____
Password:_____
Other
Info:_____

Email:_____
Password:_____
Other
Info:_____

Email:_____
Password:_____
Other Info:_____

Email:_____
Password:_____
Other Info:_____

Email:_____
Password:_____
Other Info:_____

Email:_____
Password:_____
Other
Info:_____

Email:_____
Password:_____
Other
Info:_____

Email:_____
Password:_____
Other
Info:_____

Email:_____
Password:_____
Other Info:_____

Email:_____
Password:_____
Other Info:_____

Email:_____
Password:_____
Other Info:_____

Email:_____
Password:_____
Other
Info:_____

Email:_____
Password:_____
Other
Info:_____

Email:_____
Password:_____
Other
Info:_____

Email:_____
Password:_____
Other Info:_____

Email:_____
Password:_____
Other Info:_____

Email:_____
Password:_____
Other Info:_____

Email:_____
Password:_____
Other Info:_____

Email:_____
Password:_____
Other Info:_____

Email:_____
Password:_____
Other Info:_____

Email:_____
Password:_____
Other Info:_____

Email:_____
Password:_____
Other Info:_____

Email:_____
Password:_____
Other Info:_____

Email:_____
Password:_____
Other
Info:_____

Email:_____
Password:_____
Other
Info:_____

Email:_____
Password:_____
Other
Info:_____

www.ingramcontent.com/pod-product-compliance
Lightning Source LLC
Chambersburg PA
CBHW071453070526
44578CB00001B/324